新 HSK（四级）
高分实战试卷
5

刘 云 主编

图书在版编目(CIP)数据

新 HSK(四级)高分实战试卷. 5 / 刘云主编. —北京：北京大学出版社，2011.10
(北大版新 HSK 应试辅导丛书)
ISBN 978-7-301-19547-5

Ⅰ. 新… Ⅱ. 刘… Ⅲ. 汉语—对外汉语教学—水平考试—题解 Ⅳ. H195-44

中国版本图书馆 CIP 数据核字(2011)第 191966 号

书　　　名：	新 HSK(四级)高分实战试卷 5
著作责任者：	刘　云　主编
责 任 编 辑：	欧慧英
标 准 书 号：	ISBN 978-7-301-19547-5/H·2945
出 版 发 行：	北京大学出版社
地　　　址：	北京市海淀区成府路 205 号　100871
网　　　址：	http://www.pup.cn
电 子 邮 箱：	zpup@pup.pku.edu.cn
电　　　话：	邮购部 62752015　发行部 62750672　编辑部 62752028
	出版部 62754962
印 刷 者：	三河市富华印装厂
经 销 者：	新华书店
	787 毫米×1092 毫米　16 开本　2.75 印张　56 千字
	2011 年 10 月第 1 版　2011 年 10 月第 1 次印刷
定　　　价：	10.00 元

未经许可，不得以任何方式复制或抄袭本书之部分或全部内容。
版权所有，侵权必究　　举报电话：010-62752024
　　　　　　　　　　　　电子邮箱：fd@pup.pku.edu.cn

目　录

一、听　力 …………………………………………… 1

二、阅　读 …………………………………………… 6

三、书　写 …………………………………………… 15

　答　案 …………………………………………… 17

听力材料及听力部分题解 ………………………… 19

阅读部分题解 ……………………………………… 31

新 HSK（四级）

注 意

一、HSK（四级）分三部分：

    1．听力（45 题，约 30 分钟）

    2．阅读（40 题，40 分钟）

    3．书写（15 题，25 分钟）

二、听力结束后，有 5 分钟填写答题卡。

三、全部考试约 105 分钟（含考生填写个人信息时间 5 分钟）。

中国　北京　　　　　　　　ХХХХ/ХХХХХХХ　编制

一、听　力

（听力内容请登录 http://www.pup.cn/dl/newsmore.cfm?sSnom＝d203 下载）

第 一 部 分

第1—10题：判断对错。

例如：我想去办个信用卡，今天下午你有时间吗？陪我去一趟银行？

　　★ 他打算下午去银行。　　　　　　　　　　　　（ √ ）

　　现在我很少看电视，其中一个原因是，广告太多了，不管什么时间，也不管什么节目，只要你打开电视，总能看到那么多的广告，浪费我的时间。

　　★ 他喜欢看电视广告。　　　　　　　　　　　　（ × ）

1. ★ 学生们跟不上老师的讲课速度。　　　　　　　（　　）

2. ★ 小亮要去上班。　　　　　　　　　　　　　　（　　）

3. ★ 小红今天不打算出门。　　　　　　　　　　　（　　）

4. ★ 路已经修好了。　　　　　　　　　　　　　　（　　）

5. ★ 张力正在丽江旅游。　　　　　　　　　　　　（　　）

6. ★ 人们不应该总是回忆过去。　　　　　　　　　（　　）

7. ★ 窗外现在是一块儿草地。　　　　　　　　　　（　　）

8. ★ 他今晚不打算看比赛。　　　　　　　　　　　（　　）

9. ★ 现在的年轻人没有时间锻炼身体。　　　　　　（　　）

10. ★ 小李已经是正教授了。　　　　　　　　　　　（　　）

— 1 —

第二部分

第 11—25 题：请选出正确答案。

例如：女：该加油了，去机场的路上有加油站吗？
　　　男：有，你放心吧。
　　　问：男的主要是什么意思？
　　　A 去机场　　　　　　　　　　B 快到了
　　　C 油是满的　　　　　　　　　D 有加油站 ✓

11. A 逛街　　　　　　　　　　　B 上网
　　C 吃饭　　　　　　　　　　　D 剪头发

12. A 姐弟　　　　　　　　　　　B 夫妻
　　C 同事　　　　　　　　　　　D 同学

13. A 超市　　　　　　　　　　　B 复印室
　　C 停车场　　　　　　　　　　D 经理办公室

14. A 在家里休息　　　　　　　　B 去看李爷爷
　　C 和小红去逛街　　　　　　　D 陪女的去打球

15. A 七点十分　　　　　　　　　B 七点十五
　　C 七点二十　　　　　　　　　D 七点半

16. A 女的很激动　　　　　　　　B 孩子跑丢了
　　C 男的很生气　　　　　　　　D 汽车快没油了

17. A 担心孩子　　　　　　　　　B 工作没做完
　　C 还没做好饭　　　　　　　　D 宁宁生病了

18. A 小明那儿　　　　　　　　　B 女的那儿
　　C 王华那儿　　　　　　　　　D 老师那儿

— 2 —

19. A 工作很辛苦　　　　　　　　B 张爷爷很忙
　　C 复习很重要　　　　　　　　D 学画画儿很累

20. A 考试　　　　　　　　　　　B 选礼物
　　C 买不到书　　　　　　　　　D 爸爸身体不好

21. A 买书　　　　　　　　　　　B 考试
　　C 加班　　　　　　　　　　　D 看电影

22. A 小说　　　　　　　　　　　B 广告
　　C 电影　　　　　　　　　　　D 日记

23. A 正在做饭　　　　　　　　　B 不爱喝汤
　　C 要去买鸡蛋　　　　　　　　D 不爱吃羊肉

24. A 开车　　　　　　　　　　　B 逛商场
　　C 洗衣服　　　　　　　　　　D 修电脑

25. A 时间还早　　　　　　　　　B 电脑坏了
　　C 找不到衣服　　　　　　　　D 电影不好看

第 三 部 分

第26—45题:请选出正确答案。

例如:男:把这个文件复印五份,一会儿拿到会议室发给大家。
　　　女:好的。会议是下午三点吗?
　　　男:改了。三点半,推迟了半个小时。
　　　女:好,602会议室没变吧?
　　　男:对,没变。
　　　问:会议几点开始?
　　　A 两点　　　　　　　　　B 3点
　　　C 3:30 ✓　　　　　　　　D 6点

26. A 回老家　　　　　　　　B 看电影
　　C 去医院　　　　　　　　D 和男的去吃饭

27. A 想回家　　　　　　　　B 不想工作
　　C 想去旅游　　　　　　　D 经常锻炼身体

28. A 等车　　　　　　　　　B 问路
　　C 找人　　　　　　　　　D 上课

29. A 生病了　　　　　　　　B 家里有事
　　C 工作很忙　　　　　　　D 经理要去

30. A 同学　　　　　　　　　B 邻居
　　C 同事　　　　　　　　　D 师生

31. A 工作很忙　　　　　　　B 正在开会
　　C 想做调查　　　　　　　D 没填表格

32. A 价格贵　　　　　　　　B 楼层低
　　C 环境好　　　　　　　　D 很干净

33. A 照片　　　　　　　　　B 地图
　　C 风景画　　　　　　　　D 自己的画

34. A 逛街　　　　　　　　　B 爬山
　　C 陪奶奶　　　　　　　　D 洗衣服

35. A 律师 B 医生
    C 导游 D 服务员

36. A 律师 B 医生
    C 售货员 D 公司员工

37. A 他们在开会 B 楼卖得不好
    C 经理要出差 D 市场人很多

38. A 律师 B 老师
    C 导游 D 医生

39. A 出国了 B 变化很大
    C 不认识路 D 喜欢旅游

40. A 不想结婚 B 对爱情失望
    C 年龄还太小 D 没遇到满意的

41. A 喜欢帅哥 B 做事不积极
    C 生活不幸福 D 对结婚很重视

42. A 姐妹 B 夫妻
    C 亲戚 D 同事

43. A 快生孩子了 B 正在找工作
    C 是名服务员 D 在准备考试

44. A 广播里 B 电视上
    C 字典中 D 报纸上

45. A 友谊 B 回忆
    C 性格 D 生活

二、阅 读

第 一 部 分

第46—50题：选词填空。

A 危险　　B 到处　　C 过程　　D 坚持　　E 原因　　F 家具

例如：她每天都（D）走路上下班，所以身体一直很不错。

46. 这家店里的（　）质量不错，价钱还便宜，我们就在这儿买吧。

47. 我们不要只看到事情的结果，还要看到我们努力的（　）。

48. 东西被你扔得（　）都是，等会儿我还要给你收拾房间。

49. 我这么做是有（　）的，以后我再跟你解释。

50. 小孩儿自己上街是一件很（　）的事情。

第51—55题：选词填空。

A 效果　　B 酸　　C 气温　　D 受不了　　E 网球　　F 果然

例如：A：今天真冷啊，好像白天最高（C）才2℃。
　　　B：刚才电视里说明天更冷。

51. A：这葡萄看着熟了，怎么吃起来这么（　　）啊？
　　B：可能还要过一段时间才能吃呢。

52. A：小华打（　　）的水平很高，你可以好好儿跟他学学。
　　B：知道了，我一定好好儿跟他学。

53. A：我（　　）猜对了，你真的在这里，大家都在找你呢。
　　B：我刚才觉得有点儿不舒服，想在这儿休息一会儿。

54. A：你和小强的谈话很有（　　），现在他学习特别认真。
　　B：孩子是要不断地鼓励的。

55. A：这才做一会儿你就（　　）了，要拿什么和他们竞争呢？
　　B：我只是先放一下，又没有说不做了。

第 二 部 分

第 56—65 题:排列顺序。

例如:A 可是今天起晚了
　　　B 平时我骑自行车上下班
　　　C 所以就打车来公司　　　　　　　　　　B A C

56. A 无论你是否愿意
　　B 都要去医院检查检查
　　C 否则发烧了会更难受的　　　　　　　　_____

57. A 或者有多辛苦
　　B 不管你现在的工作有多忙
　　C 都不能忘记每个月要给妈妈打个电话　　_____

58. A 动物园里多了很多小动物
　　B 如果你想周末让爸妈带你去那儿玩儿的话
　　C 就必须先把作业写完　　　　　　　　　_____

59. A 每次我心里有事儿
　　B 我都会让小明陪我去爬山
　　C 或者考试没通过的时候　　　　　　　　_____

60. A 又不想帮我做饭
　　B 你既然不愿意整理房间
　　C 那就去你自己的房间写作业吧　　　　　_____

61. A 但是他们每年都找时间见见面聊聊天儿
　　B 毕业后张红和李静去了不同的城市
　　C 尽管平时工作很忙　　　　　　　　　　_____

62. A 她竟然成了一名导游
    B 没想到十年之后
    C 记忆中小兰是个很害羞的女孩子儿   _____

63. A 要不就和小丽去擦窗户
    B 必须选一件事情做
    C 你要不和小娜去打扫教室   _____

64. A 我觉得大家对这个工作还不够重视
    B 怎么还一点儿效果都没有
    C 否则都做这么久了   _____

65. A 难怪他爸妈整天那么高兴
    B 小明从小就很懂事
    C 而且学习成绩也从不让人担心   _____

第三部分

第66—85题：请选出正确答案。

例如：她很活泼，说话很有趣，总能给我们带来快乐，我们都很喜欢和她在一起。
★ 她是个什么样的人？
A 幽默 ✓ B 马虎
C 骄傲   D 害羞

66. 我是昨天到北京的，本来想借这个机会去看看长城，没想到一下飞机就感冒了，而且公司又给我安排了很多事情，时间太紧了，根本走不开。
★ "我"来北京：
A 旅游 B 看病
C 出差 D 看朋友

67. 当你看到花开的时候，你是什么心情？当暖和的阳光照在绿色的草地上，你想起了什么？当你面对着春天，你想说些什么？请大家以"春天来了"为题写一篇作文，明天交给我。
★ "我"最可能是：
A 演员   B 老师
C 售票员 D 服务员

68. 很多人喜欢出去旅游，其实这代表着一种积极的生活态度，他们喜欢自由和变化的环境，所以他们的适应能力非常强。当他们在生活中遇到困难时，他们也能积极地面对，然后找到解决的办法。
★ 喜欢旅游的人：
A 热爱生活   B 没有烦恼
C 喜欢交流   D 非常爱热闹

69. 整理房间的时候,我从一个旧盒子里找出来了一套小人书,这套书让我想到了很多。因为这是上小学时妈妈送给我的礼物,它陪着我度过了整个快乐的童年。

    ★ 根据这段话,可以知道"我":

    A 经常读书　　　　　　　　　B 童年很幸福
    C 不爱收拾房间　　　　　　　D 想送妈妈礼物

70. 小张,听说老李的儿子快结婚了?他不是才刚大学毕业两年吗?年龄还不大呢,上次我看到他时,他还没女朋友呢,怎么这么快就要结婚了?

    ★ 对于老李儿子要结婚这件事,"我"感到很:

    A 伤心　　　　　　　　　　　B 吃惊
    C 有趣　　　　　　　　　　　D 得意

71. 张教授,咱这讨论会都开一下午了,就到这儿吧,您身体不好,别太累了。这个问题我们回去都考虑考虑,过几天咱们再一起商量,看看有没有其他的解决办法。

    ★ 根据这段话,可以知道:

    A 大家都饿了　　　　　　　　B 张教授病了
    C 会议很热闹　　　　　　　　D 问题还没解决

72. 奶奶,咱们这楼的电梯坏了,你下楼的时候慢着点儿。一会儿我们上班去以后,你要是不想一个人在家,就和苏奶奶一起出去运动运动,但是你千万别忘了带上手机。

    ★ "我"让奶奶:

    A 坐电梯下楼　　　　　　　　B 在家里锻炼
    C 照顾苏奶奶　　　　　　　　D 出门带手机

73. 小张,你还记得昨天逛商场时,我们看到的那个沙发吗?要是我们办公室里的椅子都换成那种沙发,那现在坐着工作该有多舒服啊!

    ★ 我们现在可能在:

    A 家里　　　　　　　　　　　B 商场中
    C 公司里　　　　　　　　　　D 教室中

74. 王亮在几十年间几乎每天工作十几个小时。他在75岁的时候,还每天准时到实验室上班。有个记者问他:"王先生,您打算什么时候不再工作了呢?"他为难地说:"这个问题,我活到现在还没有来得及考虑呢。"
    ★ 王亮是一个怎么样的人?
    A 幽默　　　　　　　　　B 冷静
    C 不爱思考　　　　　　　D 热爱工作

75. 因为早上起得太迟了,为了能坐上公共汽车,小莉没吃早饭就直接向车站跑去,终于坐上了车,她暗暗高兴:今天不会迟到了。就在快到公司的时候,她突然发现自己拿的竟然是妈妈的包。
    ★ 根据这段话,可以知道,小莉:
    A 起晚了　　　　　　　　B 没带包
    C 迟到了　　　　　　　　D 坐错车了

76. 我们常用自己的眼睛去看别人的生活,却不知石头有石头的理想,小草有小草的道路,每一朵花都有它自己的幸福,每一个人都有他自己的快乐。所以我们应该学会站在他人的角度看世界,这样世界才会更加精彩。
    ★ 这段话主要想告诉我们要:
    A 保护环境　　　　　　　B 快乐生活
    C 乐于交流　　　　　　　D 多角度看问题

77. 小刚,你看我们这个暑假去北京参观故宫怎么样啊?等明年毕业了,我们可能会去不同的城市工作,一起旅游的机会就少了,不如就这个暑假去玩儿吧!
    ★ 根据这段话,可以知道我们:
    A 毕业了　　　　　　　　B 要找工作
    C 想去旅游　　　　　　　D 正在打电话

78. 我最怕妈妈问我"最近有没有考试啊?""考得怎么样啊?"这些问题,因为只要一提到学习,她就会说个不停,虽然我知道她是为我好,但天天听她说这些,我还是会感觉很烦。

★ "我"不喜欢和妈妈讨论哪方面的事情?
A 兴趣   B 心情
C 学习   D 工作

79. 小张,你把明天开会要用的资料整理一下,十点之前送到张经理办公室,现在送两杯咖啡到我办公室来,一杯加糖,一杯不加。

★ 根据这段话,可以知道,小张:
A 正在上班   B 是服务员
C 正在开会   D 喜欢喝咖啡

80—81.

年轻人小田请他女朋友到一家中国饭馆吃饭,可是,他不懂汉语,不知道菜单上写的是什么,但他又不愿让女朋友觉得自己很无知,便指着菜单上的几行字对服务员说:"我们就先点这几样菜吧。"服务员看了看菜单,吃惊地说:"对不起,先生,这是今晚要表演的节目!"

★ 根据这段话,可以知道,小田:
A 不会点菜   B 非常浪漫
C 非常幽默   D 想表演节目

★ 服务员吃惊,是因为小田:
A 唱歌好听   B 要结婚了
C 点了很多菜   D 把节目当成菜

82—83.

李刚不知道有的公共汽车是双层的。有一次他坐一辆双层的公共汽车,一上车售票员就对他说:"请到上面去坐。"于是他就走到上面。可是过了一会儿,他又走了下来,售票员看见后就又对他说:"请坐上面好吗?下面已经满了。"于是他又走到了上面,可是过了一分钟,售票员看见他又走了下来。这次售票员问他:"我不是叫您坐上面的吗?"他笑着说:"你不要骗我了,上面根本就没有司机!"

★ 李刚为什么上去又下来了?
A 司机要求的　　　　　　　　　B 上面没座位
C 上面不方便　　　　　　　　　D 没有看到司机

★ 根据这段话,可以知道,李刚:
A 喜欢开车　　　　　　　　　　B 不喜欢坐车
C 被司机骗了　　　　　　　　　D 没坐过双层车

84—85.
小刘、小赵和小李住在乐福宾馆的第45层。有一天,宾馆的电梯出现了问题,服务员安排他们在一楼住一晚。但经过他们商量后,决定走楼梯回房间休息,并约好一起说说笑笑以减轻爬楼梯的辛苦。他们讲着笑话,唱着歌,好不容易爬到了第34层,大家感觉实在没有力气了。"好吧,小刘,你来讲个幽默故事。"小刘说:"故事不长,却让人伤心至极:'我忘了拿房间的钥匙了。'"

★ 他们为什么不坐电梯?
A 人太多了　　　　　　　　　　B 电梯坏了
C 想锻炼身体　　　　　　　　　D 宾馆停电了

★ 根据这段话,可以知道:
A 小李很幽默　　　　　　　　　B 他们没拿钥匙
C 宾馆条件很差　　　　　　　　D 他们喜欢爬楼梯

三、书 写

第一部分

第86—95题：完成句子。

例如：那座桥   800年的   历史   有   了

那座桥有800年的历史了。

86. 垃圾   扔进   记得   垃圾桶   把

87. 不错   感情   非常   他们的

88. 符合   他的条件   公司的   要求

89. 一定要   继续   你   努力

90. 被   这个   塑料袋   弄破了

91. 放弃   理想   请不要   你的

92. 很容易   这个   不是   计划

93. 乒乓球   结束了   吗   今天的   比赛

94. 买的   很甜   这个   西瓜   爸爸

95. 讨论   专门   这个网站   教育   问题

第二部分

第 96—100 题：看图，用词造句。

例如：

乒乓球　他很喜欢打乒乓球。

96. 脏

97. 激动

98. 复印

99. 母亲

100. 无聊

答 案

一、听 力

第一部分

1. √ 2. × 3. × 4. × 5. ×
6. √ 7. × 8. √ 9. √ 10. ×

第二部分

11. D 12. C 13. B 14. B 15. D
16. D 17. A 18. C 19. C 20. B
21. B 22. C 23. D 24. D 25. A

第三部分

26. C 27. C 28. B 29. B 30. B
31. A 32. C 33. A 34. B 35. B
36. D 37. A 38. A 39. B 40. D
41. D 42. B 43. D 44. A 45. B

二、阅 读

第一部分

46. F 47. C 48. B 49. E 50. A
51. B 52. E 53. F 54. A 55. D

第二部分

56. ABC 57. BAC 58. ABC 59. ACB 60. BAC
61. BCA 62. CBA 63. CAB 64. ACB 65. BCA

第三部分

66. C 67. B 68. A 69. B 70. B
71. D 72. D 73. C 74. D 75. A
76. D 77. C 78. C 79. A 80. A
81. D 82. D 83. D 84. B 85. B

三、书 写

第一部分

86. 记得把垃圾扔进垃圾桶。
87. 他们的感情非常不错。
88. 他的条件符合公司的要求。
89. 你一定要继续努力。
90. 这个塑料袋被弄破了。
91. 请不要放弃你的理想。
92. 这个计划不是很容易。
93. 今天的乒乓球比赛结束了吗?
94. 爸爸买的这个西瓜很甜。
95. 这个网站专门讨论教育问题。

第二部分

(参考答案)

96. 虽然这个小男孩的脸脏脏的,但很可爱。
    小贝的脸被弄脏了,需要马上去洗洗。
97. 听到这个消息后,他变得非常激动。
    这真是一个让人激动的好消息,张金终于通过研究生考试了。
98. 小李正在复印下午开会要用的材料。
    复印东西时要小心,最好不要出现错误。
99. 母亲很爱她的孩子,希望孩子能有一个快乐的童年。
    每一个母亲都希望自己的孩子有一个美好的将来。
100. 小张把工作做完了,现在非常无聊。
     昨天晚上看的球赛很无聊。

听力材料及听力部分题解

(音乐,30 秒,渐弱)

大家好!欢迎参加 HSK(四级)考试。
大家好!欢迎参加 HSK(四级)考试。
大家好!欢迎参加 HSK(四级)考试。

HSK(四级)听力考试分三部分,共 45 题。
请大家注意,听力考试现在开始。

第一部分

第 1—10 题:判断对错。

例如:我想去办个信用卡,今天下午你有时间吗?陪我去一趟银行?
　　★ 他打算下午去银行。

　　现在我很少看电视,其中一个原因是,广告太多了,不管什么时间,也不管什么节目,只要你打开电视,总能看到那么多的广告,浪费我的时间。
　　★ 他喜欢看电视广告。

现在开始第 1 题:

1.
　　赵老师,您讲课的速度太快了,我们很难跟上,希望您能稍微讲慢点儿,给我们多点儿时间理解理解。
　　★ 学生们跟不上老师的讲课速度。(√)

【题解】从"您讲课的速度太快了,我们很难跟上"和"希望您能稍微讲慢点儿"这两句话可以知道,因为赵老师讲得太快,所以学生们跟不上老师讲课的速度。这道题是正确的。

2.
　　刘阿姨,你放心买菜去吧,小亮就留在我这儿,反正我今天不用上班,帮您看着他肯定没有问题。
　　★ 小亮要去上班。(✕)

【题解】根据听力材料可以知道,说话

人今天不用上班,可以帮刘阿姨照顾小亮,所以今天不用上班的不是小亮。这道题是错误的。

3.

> 小红,你去植物园时别忘了带伞,电视里说这几天天气不太好,看样子今天可能会下雨。
> ★ 小红今天不打算出门。(✗)

【题解】根据"你去植物园时别忘了带伞"这句话可以知道,小红今天要去植物园,所以这道题是错误的。

4.

> 最近外面正在修路,所以很吵。但是等路修好了,住在附近的人就不用再走原来那条脏脏的小路了,所以大家都能理解。
> ★ 路已经修好了。(✗)

【题解】根据"最近外面正在修路,所以很吵"这句话可以知道,这条路还没有修好,所以这道题是错误的。

5.

> 张力,我妈妈说只要这次我数学考90分以上,就带我去丽江旅游。我有信心能考好,到时咱们可以一起去。
> ★ 张力正在丽江旅游。(✗)

【题解】根据"我妈妈说只要这次我数学考90分以上,就带我去丽江旅游"这句话可以知道,说话人只有考了好成绩才有可能和张力一起去丽江,所以现在还没有去。这道题是错误的。

6.

> 有些已经工作了的人,经常回忆学生时代的美好生活。但是不管以前的生活有多么精彩,那都已经是过去的事了,过好现在才是最重要的。
> ★ 人们不应该总是回忆过去。(✓)

【题解】根据"但是不管以前的生活有多么精彩,那都已经是过去的事了,过好现在才是最重要的"这句话可以知道,人们应该注重现在,所以这道题是正确的。

7.

> 窗户外以前是一块儿草地,后来我跟妈妈在上面种了一些花儿,每年春天,那里都会开满花,特别漂亮。
> ★ 窗外现在是一块儿草地。(✗)

【题解】根据"窗户外以前是一块儿草地,后来我跟妈妈在上面种了一些花儿"这句话可以知道,窗外以前是草地,现在已经成了一片花田。这道题是错误的。

8.

> 听说今晚电视上会播刘翔的比赛,我想这场比赛一定会很精彩,要不是我必须准备明天的考试,就能够看他的比赛了。
> ★ 他今晚不打算看比赛。(√)

【题解】根据听力材料可以知道,虽然比赛将会很精彩,但是因为要准备明天的考试,所以我决定不看比赛。这道题是正确的。

9.

> 现在的年轻人越来越忙了,几乎没有时间去运动,我觉得他们应该找点儿时间去户外运动,让自己的心情放松放松。
> ★ 现在的年轻人没有时间锻炼身体。(√)

【题解】根据"现在的年轻人越来越忙了,几乎没有时间去运动"这句话可以知道,现在的年轻人由于工作很忙,所以很少运动。这道题是正确的。

10.

> 小李,你真厉害,刚工作一年就评上副教授了。
> ★ 小李已经是正教授了。(×)

【题解】小李评上了副教授,还没当上教授,所以这道题是错误的。

第二部分

第11—26题:请选出正确答案。

例如:女:该加油了,去机场的路上有加油站吗?
　　　男:有,你放心吧。
　　　问:男的主要是什么意思?

— 21 —

现在开始第11题：

11.

> 男：剪头发的人那么多，你还去吗？
> 女：当然，昨天要不是陪小王逛街，我早就去了。
> 问：女的马上要去做什么？

A 逛街　B 上网　C 吃饭　**D 剪头发**

【题解】根据听力材料可以知道，即使剪头发的人很多，她也要去，所以这道题的正确答案是D。

12.

> 女：快下班了，等会儿我们一起去吃饭吧？
> 男：你先去吧，我得先把这份计划做完，经理等着要呢。
> 问：他们可能是什么关系？

A 姐弟　B 夫妻　**C 同事**　D 同学

【题解】从"快下班了"和"我得先把这份计划做完，经理等着要呢"这两句话可以知道，他们应该是同事关系，所以这道题的正确答案是C。

13.

> 男：陈静呢？张经理让她去一下他办公室。
> 女：她刚刚下楼去复印资料了，一会儿她回来我告诉她吧。
> 问：张静现在可能在哪儿？

A 超市　　　**B 复印室**
C 停车场　　D 经理办公室

【题解】根据"她刚刚下楼去复印资料了"这句话可以知道，陈静现在正在楼下的复印室，所以这道题的正确答案是B。

14.

> 女：小明，今天是星期天，陪我去打乒乓球吧。
> 男：可我昨天就跟小红说好了，今天要一起去看李爷爷。
> 问：男的今天要做什么？

A 在家里休息　　**B 去看李爷爷**
C 和小红去逛街　D 陪女的去打球

【题解】听力材料中女的邀请男的去打球，可男的要陪小红去看李爷爷，所以这道题的正确答案是B。

15.

> 男：小丽，几点了？《篮球世界》开始了吗？
> 女：现在才七点十分，还有二十分钟才开始呢，你先用五分钟把家里的碗洗了。
> 问：《篮球世界》几点开始？

A 七点十分　　B 七点十五
C 七点二十　　**D 七点半**

【题解】根据"现在才七点十分，还有二

— 22 —

十分钟才开始呢"这句话可以知道,《篮球世界》应该是七点半开始。这道题的正确答案是D。

道,女的还没去老张家是因为不放心孩子一个人在家,所以这道题的正确答案是A。

16.

女：走的时候我不是提醒你去加油了吗？
男：孩子们一吵,我就忘了。没关系,前面不是还有一个加油站吗？
问：根据对话,可以知道什么？

A 女的很激动　B 孩子跑丢了
C 男的很生气　**D 汽车快没油了**

【题解】根据"走的时候我不是提醒你去加油了吗"和"没关系,前面不是还有一个加油站吗"这两句话可以知道,他们的车本应该加油了,但由于孩子们的吵闹给忘了,所以现在汽车缺油。这道题的正确答案是D。

17.

男：你不是要去老张家吗？怎么还没走？
女：你没回来,就宁宁这么一个小孩儿在家,我哪儿能放心啊！
问：女的为什么还在家？

A 担心孩子　　B 工作没做完
C 还没做好饭　D 宁宁生病了

【题解】根据"就宁宁这么一个小孩儿在家,我哪儿能放心啊"这句话可以知

18.

女：小明,把《老人与海》那本书借给我看看好吗？
男：昨天被王华拿走了,等过两天她还给我了再借给你看吧。
问：《老人与海》这本书现在在哪儿？

A 小明那儿　　B 女的那儿
C 王华那儿　　D 老师那儿

【题解】这道题的关键是听懂"昨天被王华拿走了"这句话。这句话说明书在王华那儿,所以这道题的正确答案是C。

19.

男：妈妈,我想去张爷爷家,上次他说要教我画小动物呢。
女：你后天不是就要考试了吗？今天还是留在家里复习吧。
问：女的主要是什么意思？

A 工作很辛苦　B 张爷爷很忙
C 复习很重要　D 学画画儿很累

【题解】根据女的的话,可以知道,她想让男的留在家里复习功课不要去张爷爷家学画画儿了,所以这道题的正确答案是C。

20.

男：下周就到我爸的生日了，真不知道送什么东西给他好！
女：你爸爸不是很喜欢老舍吗？不如你买本老舍的书送给他吧。
问：男的正在为什么事情烦恼？

A 考试　　　　B 选礼物
C 买不到书　　D 爸爸身体不好

【题解】根据"下周就到我爸的生日了，真不知道送什么东西给他好"这句话可以知道，男的正在为给爸爸买什么生日礼物而烦恼，所以这道题的正确答案是B。

21.

男：我想买本《家》看，明天陪我去新华书店看看吧。
女：可是我明天要参加普通话考试，要不过几天我再陪你去吧。
问：女的明天要做什么？

A 买书　B 考试　C 加班　D 看电影

【题解】根据"可是我明天要参加普通话考试"这句话可以知道，女的明天要参加考试，所以这道题的正确答案是B。

22.

男：《美丽人生》实在是太精彩了，后来还获了好多奖呢！
女：是啊，我特别喜欢里面的那个女演员，演得真好，我都感动得哭了好几次。
问：他们在谈什么？

A 小说　B 广告　C 电影　D 日记

【题解】根据听力材料可以知道，他们正在谈论电影和电影中的人物，所以这道题的正确答案是C。

23.

男：听说这儿的羊肉很好吃，西红柿鸡蛋汤也还不错，要不我们尝尝？
女：可是我受不了羊肉的味道，要不我们吃牛肉吧。
问：关于女的，可以知道什么？

A 正在做饭　　　B 不爱喝汤
C 要去买鸡蛋　　D 不爱吃羊肉

【题解】根据"可是我受不了羊肉的味道，要不我们吃牛肉吧"这句话可以知道，女的不爱吃羊肉，所以这道题的正确答案是D。

24.

女：师傅，你看我这台电脑多长时间能修好呀？
男：你先去逛逛，半个小时左右就修好了。
问：男的可能在做什么？

24

A 开车　　　B 逛商场
C 洗衣服　　**D 修电脑**

【题解】根据听力材料可以知道,女的问男的修电脑需要多长时间,所以男的现在很可能在修洗衣机。这道题的正确答案是 D。

A 时间还早　　B 电脑坏了
C 找不到衣服　　D 电影不好看

【题解】根据"还有半个小时呢,你急什么呀"这句话可以知道,时间还早,他们可以不用着急,所以这道题的正确答案是 A。

25.

男:不要再看电影了,你快点换衣服吧,上班要迟到了。
女:我关了电脑就来,还有半个小时呢,急什么呀!
问:女的是什么意思?

第三部分

第 26—45 题:请选出正确答案。

例如:男:把这个文件复印五份,一会儿拿到会议室发给大家。
　　　女:好的。会议是下午三点吗?
　　　男:改了。三点半,推迟了半个小时。
　　　女:好,602 会议室没变吧?
　　　男:对,没变。
　　　问:会议几点开始?

现在开始第 26 题：

26.

男：小张，下班后我们一起吃饭吧，吃完饭我请你去看电影怎么样？
女：可是我已经答应陪姐姐去医院了。
男：那你明天晚上有空吗？
女：明天我要回老家看奶奶，实在是不好意思啊。
问：女的今天下班后要做什么？

A 回老家　　　B 看电影
C 去医院　　D 和男的去吃饭

【题解】根据"可是我已经答应陪姐姐去医院了"这句话可以知道，女的下班后要陪姐姐去医院，不能和男的一起去看电影，所以这道题的正确答案是 C。考生在听时，不能听到什么就选什么，一定要明确说话人肯定了哪些事情和否定了哪些事情。

27.

男：李兰，今年暑假你打算做什么？
女：我想去找份工作赚点钱，然后去旅游。
男：是个好主意，这样你不但可以赚到钱，还能让自己得到锻炼。
女：是啊，所以暑假我不打算回家了。
问：关于女的，可以知道什么？

A 想回家　　　B 不想工作
C 想去旅游　D 经常锻炼身体

【题解】根据"我想去找份工作赚点钱，然后去旅游"这句话可以知道，女的打算暑假赚钱去旅游，所以这道题的正确答案是 C。

28.

女：先生，请问中央民族大学怎么走？
男：好像是从这里坐 301 路公共汽车到前门，然后再坐 21 路。
女：您确定是这样走吗？
男：不是十分确定，要不你再问问其他人吧。
问：女的正在做什么？

A 等车　**B 问路**　C 找人　D 上课

【题解】根据听力材料可以知道，女的想去中央民族大学，可是不知道怎么坐车去，正在问男的，所以这道题的正确答案是 B。

29.

女：经理，这次能不能换个人去上海出差？
男：怎么了，不是已经说好你去了吗？
女：我家里突然出了点儿事，估计去不了了。

男：既然这样，那就让小雨去吧。
问：女的为什么不去出差了？

A 生病了　　**B 家里有事**
C 工作很忙　　D 经理要去

【题解】根据"我家里突然出了点儿事，估计去不了了"这句话可以知道，女的不能去出差是因为家里出了点儿事，所以这道题的正确答案是B。

30.

男：听说小张把沈奶奶从医院接回来了。
女：太好了，她终于出院了。
男：吃完晚饭我们一起去看看她吧。
女：好啊，反正就住在旁边，我们以后要多照顾照顾她。
问：他们和沈奶奶是什么关系？

A 同学　**B 邻居**　C 同事　D 师生

【题解】根据"反正就住在旁边，我们以后要多照顾照顾她"这句话可以知道，他们应该是邻居，所以这道题的正确答案是B。

31.

男：小李，你帮我找一下上次市场调查的表格好吗？
女：没问题，你还在为明天开会的事忙吗？

男：是啊，经理急着要这个月的调查资料，我一会儿还要给他送过去。
女：那我马上帮你找找。
问：关于男的，可以知道什么？

A 工作很忙　　B 正在开会
C 想做调查　　D 没填表格

【题解】根据听力材料可以知道，男的正在为明天的会议做准备，所以现在工作很忙，因此这道题的正确答案是A。

32.

女：我看这房子挺好的，你觉得呢？
男：价格是挺便宜，周围环境也不错，就是楼层有点儿高了。
女：就当锻炼了，六楼还可以。
男：但是咱妈腿脚不方便，这上下楼多麻烦啊。
问：男的觉得这房子怎么样？

A 价格贵　　B 楼层低
C 环境好　　D 很干净

【题解】根据"价格是挺便宜，周围环境也不错，就是楼层有点儿高了"这句话知道，男的觉得这房子的环境很好，所以这道题的正确答案是C。

33.

男：小红，你房间的这面墙上是挂一张风景画还是地图呢？
女：我都不喜欢。
男：要不就挂你自己的照片吧。
女：这个主意不错，我这就去选一张。
问：女的打算在墙上挂什么？

A 照片　　B 地图
C 风景画　　D 自己的画

【题解】根据听力材料可以知道，女的最后决定在墙上挂一张自己的照片，所以这道题的正确答案是A。

34.

女：我昨天和小丽一起去爬山了，山上人好多啊！
男：昨天天气那么好，而且还是重阳节，去山上玩儿的人肯定很多。
女：你昨天干什么了？
男：我上午陪奶奶去公园散步，下午和爸爸妈妈去市里逛街了。
问：女的昨天做了什么？

A 逛街　　**B 爬山**
C 陪奶奶　　D 洗衣服

【题解】根据"我昨天和小丽一起去爬山了"这句话可以知道，昨天女的去爬山了，所以这道题的正确答案是B。

35.

女：你好，哪儿不舒服？
男：不知道为什么这几天我的牙一直很疼。
女：那请你坐到这边来，我来给你检查检查。
男：好的，麻烦你了。
问：女的可能是做什么的？

A 律师　**B 医生**　C 导游　D 服务员

【题解】根据听力材料可以知道，男的牙很疼，女的在帮他检查牙齿，所以女的很可能是一名牙医。这道题的正确答案是B。

第36到37题是根据下面一段话：

大家好，我是售楼部的经理王曼。大家都知道现在楼房卖得很不错，下个月公司决定举办一些活动。今天开会主要是想听听大家对下个月售楼的想法，大家也可以谈谈你对现在售楼市场的看法。下面哪位同事想说说？

36．说话人可能是做什么的？

A 律师　　B 医生
C 售货员　　**D 公司员工**

【题解】根据"大家好，我是售楼部的经理王曼"这句话可以知道，说话人是一名公司职员，所以这道题的正确答案是D。

37．根据这段话，下面哪项正确？
A 他们在开会　B 楼卖得不好
C 经理要出差　D 市场人很多

【题解】根据"今天开会主要是想听听大家对下个月售楼的想法"这句话可以知道，他们正在开会，所以这道题的正确答案是A。

第38到39题是根据下面一段话：

> 李明在我印象里，一直是一个很不爱学习的男孩儿。每次考试他的成绩都不好，老师们也不太喜欢他。后来我出国了，等回国后再见到他时，我差点儿都没认出他来。他成了国内一位有名的律师。我问他怎么会有这么大的变化，他说："每个人都会长大的，长大了就知道自己该走哪条路了。"

38．李明很可能是做什么的？
A 律师　B 老师　C 导游　D 医生

【题解】从"他成了国内一位有名的律师"这句话可以知道，李明现在是一名律师，所以这道题的正确答案是A。

39．关于李明，可以知道什么？
A 出国了　　**B 变化很大**
C 不认识路　D 喜欢旅游

【题解】根据听力材料可以知道，李明从一个不爱学习的男孩儿变成了国内知名的大律师，他变化很大，大到说话人差点没有认出他，所以这道题的正确答案是B。

第40到41题是根据下面一段话：

> 妈妈，我可不想随随便便找个人就结婚。不是我要求高，这件事关系到我一辈子的幸福，所以我不能马虎。我以后的丈夫首先一定要是我自己喜欢的，其次他要是一个态度积极的人，长得不需要很帅，只要看得过去就行。虽然我年龄也不小了，但是我可不想以后后悔，我就不相信我找不到一个满意的。

40．说话人为什么还没有结婚？
A 不想结婚　　B 对爱情失望
C 年龄还太小　**D 没遇到满意的**

【题解】根据听力材料可以知道，说话人不结婚是因为还没遇到自己满意的人，所以这道题的正确答案是D。

41．关于女的，可以知道什么？
A 喜欢帅哥　　B 做事不积极
C 生活不幸福　**D 对结婚很重视**

【题解】根据"这件事关系到我一辈子的幸福，所以我不能马虎"这句话可以知道，女的对结婚很重视，所以这道题的正确答案是D。

第 42 到 43 题是根据下面一段话：

> 张华，你这不是给我出难题吗？我最近正忙着考护士证呢，现在连孩子都没时间管，更不用说其他的事了。你就别给我找事了，要是你同事来咱家玩儿的话，你就带他们到外面去吃吧，我实在是没有时间做其他事情了。

42．说话人和张华可能是什么关系？
A 姐妹　B 夫妻　C 亲戚　D 同事
【题解】根据"要是你同事来咱家玩儿的话，你就带他们到外面去吃吧"这句话可以知道，他们应该是一对夫妻，所以这道题的正确答案是 B。

43．关于说话人，可以知道什么？
　　A 快生孩子了　B 正在找工作
　　C 是名服务员　D 在准备考试
【题解】根据"我最近正忙着考护士证呢"这句话可以知道，说话人正在准备考试，所以这道题的正确答案是 D。

第 44 到 45 题是根据下面一段话：

> 大家好，这里是"忆林"，欢迎大家收听，我是你们的老朋友小姚。亲爱的朋友们，穿过记忆的长河，我们迎来了新的生活。每个人都有自己的故事，如果您的回忆是幸福快乐的，请给本台打电话，说出你的故事，让大家一起感受您的幸福和快乐。

44．这段话可能出现在哪儿？
　　A 广播里　　　　B 电视上
　　C 字典中　　　　D 报纸上
【题解】根据"大家好，这里是'忆林'，欢迎大家收听"这句话可以知道，这段话应该是一段广播节目的开头，所以这道题的正确答案是 A。

45．这段话主要在讲什么？
A 友谊　B 回忆　C 性格　D 生活
【题解】根据听力材料可以知道，这段话都是在围绕着"回忆"这个主题在讨论，所以这道题的正确答案是 B。

听力考试现在结束。

阅读部分题解

第一部分

第 46—50 题：选词填空。

A 危险　　B 到处　　C 过程　　D 坚持　　E 原因　　F 家具

46.
> 这家店里的（　　）质量不错，价钱还便宜，我们就在这儿买吧。

【题解】此处缺少一个名词，根据这句话的意思和选项来看，店里可以卖的只有"家具"，所以此空应该选 F。

47.
> 我们不要只看到事情的结果，还要看到我们努力的（　　）。

【题解】根据这句话的意思可以知道，此空应该填一个与"结果"对立的名词，所以此应该选 C。

48.
> 东西被你扔得（　　）都是，等会儿我还要给你收拾房间。

【题解】根据下文，这里应该填一个跟处所有关的词，选项中只有"到处"合适，所以此空应该选 B。

49.
> 我这么做是有（　　）的，以后我再跟你解释。

【题解】这里缺少一个名词，通过"以后我再跟你解释"可以知道，他要解释的是为什么这么做，即这么做的原因，所以此空应该选 E。

50.
> 小孩儿自己上街是一件很（　　）的事情。

【题解】此处缺少一个形容词，再根据这句话的意思可以知道，小孩儿自己上街是危险的，所以此空应该选 A。

第51—55题:选词填空。

A 效果　　B 酸　　C 气温　　D 受不了　　E 网球　　F 果然

51.

A:这葡萄看着熟了,怎么吃起来这么(　)啊?
B:可能还要过一段时间才能吃呢。

【题解】根据"怎么"可以知道 A 句的两个分句是转折关系。熟了的葡萄应该是甜的,可是吃起来却是酸的,所以此空应该选 B。

52.

A:小华打(　)的水平很高,你可以好好儿跟他学学。
B:知道了,我一定好好儿跟他学。

【题解】根据"打"这个动词可以知道,它后面接的应该是一个球类名词。从选项中看只有"网球"填在这里合适,所以此空应该选 E。

53.

A:我(　)猜对了,你真的在这里,大家都在找你呢。
B:我刚才觉得有点儿不舒服,想在这儿休息一会儿。

【题解】此处缺少一个副词。选项中只有"果然"是副词,所以这里应该选 F。

54.

A:你和小强的谈话很有(　),现在他学习特别认真。
B:孩子是要不断地鼓励的。

【题解】此空缺少一个名词,谈话后,小强改变了很多,说明这次谈话起到了一定的作用,即这次谈话是有效果的。此空选 A。

55.

A:这才做一会儿你就(　)了,要拿什么和他们竞争呢?
B:我只是先放一下,又没有说不做了。

【题解】根据对话的意思可以知道,说话人 A 认为说话人 B 只做了一会儿就觉得累了,坚持不了了,这样就竞争不过其他人,所以此空应该选 D。

第二部分

第 56—65 题：排列顺序。

56.

> A 无论你是否愿意
> B 都要去医院检查检查
> C 否则发烧了会更难受的

【题解】根据关联词"无论……都……"可以知道 A 句应该放在 B 句前面，再根据 C 句中的关键词"否则"可以知道，C 句是假设不去医院检查的后果，应该放在 B 句后面，所以这道题的正确排列顺序是 ABC。

57.

> A 或者有多辛苦
> B 不管你现在的工作有多忙
> C 都不能忘记每个月要给妈妈打个电话

【题解】根据 A 句中表示选择关系的连词"或者"，可以知道"工作多忙"和"工作多辛苦"是并列关系，所以 B 句应该放在 A 句前面。再根据"不管……都……"这个表示条件关系的关联词，可以推断出 BA 两句应该放在 C 句前面。这道题的正确排列顺序是 BAC。

58.

> A 动物园里多了很多小动物

> B 如果你想周末让爸妈带你去那儿玩儿的话
> C 就必须先把作业写完

【题解】B 句里的"那儿"指的是 A 句里的"动物园"，所以 B 句应该放在 A 句的后面。再根据"如果……就……"这个表示假设关系的关联词，可以推断出 B 句应该放在 C 句前面。这道题的正确排列顺序是 ABC。

59.

> A 每次我心里有事儿
> B 我都会让小明陪我去爬山
> C 或者考试没通过的时候

【题解】根据 C 句的连词"或者"可以知道，A 句的"心里有事儿"和 C 句的"考试没通过"是并列关系，且 A 句应该放在 C 句前面。而 AC 两分句是整句话的前提条件，所以应该放在 B 句前面。这道题的正确排列顺序是 ACB。

60.

> A 又不想帮我做饭
> B 你既然不愿意整理房间
> C 那就去你自己的房间写作业吧

【题解】通过关联词"不……又不……"

可以知道,B 句应该放在 A 句前面。再根据关联词"既然……就……"可以推断出 C 句应该放在 BA 两句的后面,所以这道题的正确排列顺序是 BAC。

61.

A 但是他们每年都找时间见见面聊聊天儿
B 毕业后张红和李静去了不同的城市
C 尽管平时工作很忙

【题解】B 句是整个句子的前提条件,应该放在句首。再根据关联词"尽管……但是……"可以知道,C 句应该放在 A 句前面,所以这道题的正确排列顺序是 BCA。

62.

A 她竟然成了一名导游
B 没想到十年之后
C 记忆中小兰是个很害羞的女孩子儿

【题解】考生应该根据时间顺序来解答这道题。根据 C 句的"记忆中"和 B 句的"十年之后"可以知道,C 句应该放在 B 句前面。再根据 A 句中的副词"竟然"可以知道,A 句就是 B 句中没有想到的事情,所以应该放在 B 句后面。这道题的正确排列顺序是 CBA。

63.

A 要不就和小丽去擦窗户
B 必须选一件事情做
C 你要不和小娜去打扫教室

【题解】B 句中"选一件事情"是从 AC 两句中选一件,所以应该放在句尾。再根据关联词"要不……要不……"和 C 句中的主语"你"可以知道,C 句应该放在 A 句前面。这道题的正确排列顺序 CAB。

64.

A 我觉得大家对这个工作还不够重视
B 怎么还一点儿效果都没有
C 否则都做这么久了

【题解】A 句提出一个话题,应放在句首,CB 句是进一步解释提出 A 句的原因。在 CB 句之间,B 句是结果,应该放在后边,所以这道题的正确排列顺序是 ACB。

65.

A 难怪他爸妈整天那么高兴
B 小明从小就很懂事
C 而且学习成绩也从不让人担心

【题解】根据 C 句中的"而且"可以知道,BC 两句是并列关系,B 句应该放在 C 句前面。A 句是整个句子的结果,应该放在句尾。这道题的正确排列顺序是 BCA。

第三部分

第 66—85 题：请选出正确答案。

66.

> 我是昨天到北京的，本来想借这个机会去看看长城，没想到一下飞机就感冒了，而且公司又给我安排了很多事情，时间太紧了，根本走不开。

★ "我"来北京：
A 旅游　B 看病　**C 出差**　D 看朋友

【题解】根据"公司又给我安排了很多事情"可以知道，我这次来北京是来出差的，所以这道题的正确答案是 C。我是到了北京才生病的，不是特意来北京看病的。此外还要注意关键词"本来"，这个词常意味着计划发生了改变，材料中"我"本来的计划是顺便去长城旅游，后来没能实现。

67.

> 当你看到花开的时候，你是什么心情？当暖和的阳光照在绿色的草地上，你想起了什么？当你面对着春天，你想说些什么？请大家以"春天来了"为题写一篇作文，明天交给我。

★ "我"最可能是：
A 演员　**B 老师**　C 售票员　D 服务员

【题解】根据"请大家以'春天来了'为题写一篇作文"这句话可以知道，这段话很可能出现在作文课中，"我"可能就是语文老师，所以这道题的正确答案是 B。

68.

> 很多人喜欢出去旅游，其实这代表着一种积极的生活态度，他们喜欢自由和变化的环境，所以他们的适应能力非常强。当他们在生活中遇到困难时，他们也能积极地面对，然后找到解决的办法。

★ 喜欢旅游的人：
A 热爱生活　　　B 没有烦恼
C 喜欢交流　　　D 非常爱热闹

【题解】根据这段话可以知道，喜欢旅游的人有积极的生活态度。他们热爱生活，不管生活中遇到开心或者不开心的事情，他们都能很好地适应生活，所以这道题的正确答案是 A。

69.

> 整理房间的时候，我从一个旧盒子里找出来了一套小人书，这套书让我想到了很多。因为这是上小学时妈妈送给我的礼物，它陪着我度过了整个快乐的童年。

★ 根据这段话，可以知道"我"：
A 经常读书　　　**B 童年很幸福**
C 不爱收拾房间　D 想送妈妈礼物

【题解】通过"它陪着我度过了整个快乐的童年"这句话可以知道，我的童年很快乐,所以这道题的正确答案是B。

70.

> 小张,听说老李的儿子快结婚了?他不是才刚大学毕业两年吗?年龄还不大呢,上次我看到他时,他还没女朋友呢,怎么这么快就要结婚了?

★ 对于老李儿子要结婚这件事,"我"感到很:

A 伤心　**B 吃惊**　C 有趣　D 得意

【题解】根据"年龄还不大呢,上次我看到他时,他还没女朋友呢,怎么这么快就要结婚了"这段话可以知道,我对这件事感到很吃惊。他没有想到老李的儿子会这么快结婚,所以这道题的正确答案是B。考生要注意,"不是……吗"、"怎么……了"这些格式常表示吃惊。

71.

> 张教授,咱这讨论会都开一下午了,就到这儿吧,您身体不好,别太累了。这个问题我们回去都考虑考虑,过几天咱们再一起商量,看看有没有其他的解决办法。

★ 根据这段话,可以知道:

A 大家都饿了　　　B 张教授病了
C 会议很热闹　　　**D 问题还没解决**

【题解】通过"这个问题我们回去都考虑考虑,过几天咱们再一起商量"这句话可以知道,这个问题他们还没有讨论出结果,问题仍然没有解决,所以这道题的正确答案是D。

72.

> 奶奶,咱们这楼的电梯坏了,你下楼的时候慢着点儿。一会儿我们上班去以后,你要是不想一个人在家,就和苏奶奶一起出去运动运动,但是你千万别忘了带上手机。

★ "我"让奶奶:

A 坐电梯下楼　　　B 在家里锻炼
C 照顾苏奶奶　　　**D 出门带手机**

【题解】通过这段话可以知道,我希望奶奶出去锻炼,但"千万别忘了带上手机",所以这道题的正确答案是D。

73.

> 小张,你还记得昨天逛商场时,我们看到的那个沙发吗?要是我们办公室里的椅子都换成那种沙发,那现在坐着工作该有多舒服啊!

★ 我们现在可能在:

A 家里　　　　　B 商场中
C 公司里　　　D 教室中

【题解】根据"要是我们办公室里的椅子都换成那种沙发,那现在坐着工作该有多舒服啊"这句话可以知道,他们正在公司里工作,所以这道题的正确答案是C。考生要注意"要是……该……"

表示假设,其中的内容干扰性比较大。

74.

> 王亮在几十年间几乎每天工作十几个小时。他在75岁的时候,还每天准时到实验室上班。有个记者问他:"王先生,您打算什么时候不再工作了呢?"他为难地说:"这个问题,我活到现在还没有来得及考虑呢。"

★ 王亮是一个怎么样的人?

A 幽默　　　　B 冷静
C 不爱思考　　**D 热爱工作**

【题解】根据"他在75岁的时候,还每天准时到实验室上班"这句话与王亮和记者的对话可以知道,王亮是一个热爱工作的人,所以这道题的正确答案是D。

75.

> 因为早上起得太迟了,为了能坐上公共汽车,小莉没吃早饭就直接向车站跑去,终于坐上了车,她暗暗高兴:今天不会迟到了。就在快到公司的时候,她突然发现自己拿的竟然是妈妈的包。

★ 根据这段话,可以知道,小莉:

A 起晚了　　B 没带包
C 迟到了　　　D 坐错车了

【题解】根据"因为早上起得太迟了"这句话可以知道,小莉早上起晚了,所以这道题的正确答案是A。

76.

> 我们常用自己的眼睛去看别人的生活,却不知石头有石头的理想,小草有小草的道路,每一朵花都有它自己的幸福,每一个人都有他自己的快乐。所以我们应该学会站在他人的角度看世界,这样世界才会更加精彩。

★ 这段话主要想告诉我们要:

A 保护环境　　　　B 快乐生活
C 乐于交流　　　　**D 多角度看问题**

【题解】根据"所以我们应该学会站在他人的角度看世界,这样世界才会更加精彩"这句话可以知道,我们应该多角度地看世界,看问题,所以这道题的正确答案是D。

77.

> 小刚,你看我们这个暑假去北京参观故宫怎么样啊?等明年毕业了,我们可能会去不同的城市工作,一起旅游的机会就少了,不如就这个暑假去玩儿吧!

★ 根据这段话,可以知道我们:

A 毕业了　　　　B 要找工作
C 想去旅游　　D 正在打电话

【题解】根据"等明年毕业了"这句话可

以知道,他们现在还没有毕业,"不如就这个暑假去玩儿吧"说明他们打算这个暑假去北京旅游,所以这道题的正确答案是C。

78.

> 我最怕妈妈问我"最近有没有考试啊?""考得怎么样啊?"这些问题,因为只要一提到学习,她就会说个不停,虽然我知道她是为我好,但天天听她说这些,我还是会感觉很烦。

★ "我"不喜欢和妈妈讨论哪方面的事情?

　A 兴趣　　B 心情　**C 学习**　D 工作

【题解】根据"我最怕妈妈……这些问题"这句话可以知道,我不喜欢和妈妈讨论关于学习的问题,我感觉很烦。所以这道题的正确答案是C。

79.

> 小张,你把明天开会要用的资料整理一下,十点之前送到张经理办公室,现在送两杯咖啡到我办公室来,一杯加糖,一杯不加。

★ 根据这段话,可以知道,小张:

　A 正在上班　　　B 是服务员
　C 正在开会　　　D 喜欢喝咖啡

【题解】这段话很可能是上司对秘书说的。会议明天才开,所以C项不正确。

关于D项小张是否喜欢喝咖啡,这段话中没有提到,且根据整理开会资料等信息可以知道小张不是服务员。排除了BCD三项,很自然得出正确答案是A。

80—81.

> 年轻人小田请他女朋友到一家中国饭馆吃饭,可是,他不懂汉语,不知道菜单上写的是什么,但他又不愿让女朋友觉得自己很无知,便指着菜单上的几行字对服务员说:"我们就先点这几样菜吧。"服务员看了看菜单,吃惊地说:"对不起,先生,这是今晚要表演的节目!"

★ 根据这段话,可以知道,小田:

　A 不会点菜　　　B 非常浪漫
　C 非常幽默　　　D 想表演节目

【题解】根据"他不懂汉语,不知道菜单上写的是什么"这句话,可以知道,小田不认识汉字,所以他也不会看中国的菜单,不会点菜,因此这道题的正确答案是A。

★ 服务员吃惊,是因为小田:

　A 唱歌好听　　　B 要结婚了
　C 点了很多菜　　**D 把节目当成菜**

【题解】根据"对不起,先生,这是今晚要表演的节目"这句话可以知道,服务员吃惊是因为小田把节目当成菜点了,所以这道题的正确答案是D。

82—83.

> 李刚不知道有的公共汽车是双层的。有一次他坐一辆双层的公共汽车，一上车售票员就对他说："请到上面去坐。"于是他就走到上面。可是过了一会儿，他又走了下来，售票员看见后就又对他说："请坐上面好吗？下面已经满了。"于是他又走到了上面，可是过了一分钟，售票员看见他又走了下来。这次售票员问他："我不是叫您坐上面的吗？"他笑着说："你不要骗我了，上面根本就没有司机！"

★ 李刚为什么上去又下来了？

　A 司机要求的　　B 上面没座位
　C 上面不方便　**D 没有看到司机**

【题解】根据听力材料可以知道，李刚上去又下来是因为他看到上面没有司机，因此这道题的正确答案是D。

★ 根据这段话，可以知道，李刚：

　A 喜欢开车　　　B 不喜欢坐车
　C 被司机骗了　**D 没坐过双层车**

【题解】从李刚的表现和他最后一句话，可以知道，他以前没有见过也没坐过双层车，所以这道题的正确答案是D。

84—85.

> 小刘、小赵和小李住在乐福宾馆的第45层。有一天，宾馆的电梯出现了问题，服务员安排他们在一楼住一晚。但经过他们商量后，决定走楼梯回房间休息，并约好一起说说笑笑以减轻爬楼梯的辛苦。他们讲着笑话，唱着歌，好不容易爬到了第34层，大家感觉实在没有力气了。"好吧，小刘，你来讲个幽默故事。"小刘说："故事不长，却让人伤心至极：'我忘了拿房间的钥匙了。'"

★ 他们为什么不坐电梯？

　A 人太多了　　　**B 电梯坏了**
　C 想锻炼身体　　D 宾馆停电了

【题解】根据"宾馆的电梯出现了问题"这句话可以知道，他们不坐电梯是因为电梯坏了，所以这道题的正确答案是B。

★ 根据这段话，可以知道：

　A 小李很幽默　**B 他们没拿钥匙**
　C 宾馆条件很差　D 他们喜欢爬楼梯

【题解】根据小刘的话"故事不长，却让人伤心至极：'我忘了拿房间的钥匙了。'"可以知道，他们忘记了带钥匙，所以这道题的正确答案是B。

北大版 新HSK 应试辅导丛书

高分实战试卷系列：
△《新HSK（三级）高分实战试卷》
▲《新HSK（四级）高分实战试卷》
△《新HSK（五级）高分实战试卷》
△《新HSK（六级）高分实战试卷》

词汇用书系列：
△《新HSK五级词汇手册》
△《新HSK六级词汇手册》

应试攻略系列：
△《新汉语水平考试HSK口试（中级）攻略》
△《新汉语水平考试HSK口试（高级）攻略》
△《新汉语水平考试HSK（六级攻略）：听力》
△《新汉语水平考试HSK（六级攻略）：阅读》
△《新汉语水平考试HSK（六级攻略）：写作》
△《新汉语水平考试HSK（五级攻略）：听力》
△《新汉语水平考试HSK（五级攻略）：阅读》
△《新汉语水平考试HSK（五级攻略）：写作》
△《新汉语水平考试HSK（四级攻略）：听力》
△《新汉语水平考试HSK（四级攻略）：阅读与写作》

专家命题、高度仿真、题解详细、考前必备

上架建议：对外汉语
ISBN 978-7-301-19547-5

定价：10.00元

北大社 "十三五"职业教育规划教材

高职高专物流专业"互联网+"创新规划教材

物流专业英语（第3版）

仲 颖　王 慧　主编

北京大学出版社
PEKING UNIVERSITY PRESS

北京大学出版社"互联网+"教材兑换码使用说明

物流专业英语（第3版）
9787301327289

重要信息！请务必在扫描前阅读

● 本书配套的教学资源，需要使用兑换码兑换后方可查看
● 刮开涂层获取兑换码，再使用微信扫描左侧二维码，最后输入兑换码进行兑换(注：兑换码区分大小写)，此兑换码仅能兑换一次
● 请务必通过您最终使用的微信账号进行兑换
● 如兑换过程中遇到问题，请扫封面二维码与客服联系